# Klaus Augustin

## den Aufprall spür ich von fern

AF221568

# Klaus Augustin

# den Aufprall spür ich von fern

*Lyrik eines Jahrzehnts*

Umschlaggestaltung: Klaus Augustin
Umschlagbild:
*Ausschnitt aus „Beyond the Isle oft the Death" nach A.
Böcklins Toteninsel; Öl auf Leinen, 150 x 80 cm, 2020.*
Bildnachweis: alle © Klaus Augustin - alle dargestellten
Werke entstanden durch die Hand des Autors

Herstellung und Verlag: BoD – Books on Demand,
Norderstedt
ISBN 9783756812325

Ich danke allen, die mich während der Entstehungszeit dieser Texte trugen und ertrugen, all jenen, die mich noch immer tragen und ertragen. Namentlicher Dank gebührt *Duanna Mund* und *Anton Christian Glatz* vom Grazer Literaturclub, ohne deren Zutun und Unterstützung dieses Buch nie entstanden wäre.

Gewidmet sei dies Opusculum meiner Frau E.

# Inhalt

# Vorwort

Ein Vorwort zu einem Gedichteband zu schreiben ist ein verantwortungsvolles Unterfangen. Will man doch einerseits der Leserschaft Informationen, welche die Lektüre erleichtern, im wahrsten Sinne des Wortes an die Hand geben, aber andererseits der persönlichen Interpretation den Weg offenlassen.

Am besten, wir nähern uns über die Grundsatzfrage an: Was ist ein Gedicht? So trivial sich die Frage anhört, so schwierig ist sie zu beantworten. Selbst der berühmte Literaturkritiker Marcel Reich-Ranicki musste 2006 auf diese Frage zuerst einmal tief Luft holen, als er von Robert Gernhardt (selbst Lyriker) danach gefragt wurde. Dann antwortete er mit ungewohnter Bedacht: „Ein Gedicht ist für alles, was sich mit Prosa nicht ausdrücken lässt". Nachdem ich selbst viel Prosa, speziell Erzählungen schreibe, kann ich nur beipflichten und muss in aller Demut anfügen, dass ich immer wieder an deren Grenzen gelange. Ja, da ist in der Tat so viel, was sich mit Prosa nicht, oder wenigstens nicht adäquat, ausdrücken lässt! Der Erzähler macht hier Halt, Klaus Augustin nicht. Vielmehr schreitet er wacker aus in diese stellenweise dubiosen, irritierenden Gefilde, über die noch zu sprechen sein wird.

Vom Brotberuf evangelischer Religionslehrer gehört sein Herz schon lange in Wahrheit der bildenden Kunst, der Musik und auch der Literatur. In diesem Band macht er erstmals sein lyrisches Werk der Öffentlichkeit zugänglich.

Trotz großteils freirhythmischen Aufbaues plagen Augustin keine Berührungsängste gegenüber traditioneller Stilmittel, wie z. B. Strophe, Wiederholung und Variation, welche gleichermaßen behutsam wie effektvoll eingesetzt werden. Als essenziell erweisen sich seine Bilder, die auf der gegenüberliegenden Seite des Textes abgebildet sind. Sie sollten als parallele Manifestation derselben Inspiration wie der Text aufgefasst werden. Auch die zahlreichen Querverweise auf die Musik kennzeichnen Augustins Lyrik. Expressionistische Satzkonstruktionen und Wortschöpfungen, mit denen der Autor seine Texte rigoros würzt, lassen die Lektüre zu der Herausforderung werden, die wir in anspruchsvoller Lyrik zu Recht erwarten dürfen. Die Gedichte sind teilweise in Englisch verfasst, weshalb Augustin selbst diesbezüglich Grenzüberschreitung betreibt. Des Autors Kreativität lässt sich offensichtlich nur schwer kanalisieren und neigt, oder besser gesagt verlangt dringend, sämtliche Ketten zu sprengen. In Summe sehe ich den Autor zuverlässig in der Postmoderne verankert.

Inhaltlich kommt mitnichten Wohlfühl-Literatur auf uns zu. Wer das Beschauliche sucht, wird umgehend den Aufprall spüren, und zwar hautnah, keineswegs von fern. Es sind die düsteren Landschaften des Lebens, ja, sogar die Abgründe, welche der Autor mit dem Fliegenden Teppich seiner Sprache virtuos bereist.

Und noch einmal sei Reich-Ranicki als Experte bemüht, wenn er sagt „Die Lyrik ist weder die bedeutendste noch die wichtigste Gattung der Literatur, aber die persönlichste, die empfindlichste, die zarteste und die reichste." Aus diesem subjektiven Empfinden, diesem Reichtum hat Autor Klaus Augustin einige außergewöhnliche Perlen zusammengetragen.

Bezüglich der Interpretation wollen wir uns den folgenden Hinweis zu Herzen nehmen: Galt es früher die Intention des schreibenden Menschen möglichst exakt zu ergründen, so hat man in der modernen Literaturwissenschaft einen Paradigmenwechsel vollzogen. Das, was die Lesenden aus dem Text für sich mitnehmen, wird nunmehr als das entscheidende Kriterium postuliert. Der ästhetische Genuss ist subjektiv und darf es bleiben.

*Anton Christian Glatz*

# Nobody Is Never Alone

14 Gedichtfetzen, die sich aus Bildern entfalten

*Mischtechnik, Photokopie, Acryl auf Leinen;*
*jeweils 30 x 30 cm; 2015.*

sometime

sometime

there are growing flowers

around my pain

... careful and shy ...

... sometime ...

butterflies are free

looking for the butterfly ...
longing for the butterfly ...
dreaming about the butterfly ...
but never allowed to reach
cause i realized –
butterflies are free ...

my empty heart

my empty heart

open

not bleeding any longer

but beating

beating

hurting

hopefully freezing this night

receiving a second of silence

my empty heart

open

because of

and for

bleeding again


hopefully freezing this night

see your face

see your face

behind my bleeding veil

see your face

never allowed to caress

see your face

soiled by the blood of an old man

see your face

annoyed and hurt

waiting for your tears

to wipe off

...

you don't have to – i'll do it for you

face of an angel

it is deadly
to see the face of a real angel –
so be careful and satisfied
by seeing the beauty of her back

little green bird

it is hard

to let it fly

...

this beautiful little green bird

...

but hopefully

it will find the small space

you prepared as a nest

in your heart

...

Someday

weep my dear

weep my dear,

continue weeping,

till your eyes will stop

...

i will hold you in my arms

helping you to weep

...

and i will give you my shirt

when all is over

and you can clean your face

...

weep my dear,

continue weeping,

till your heart says

it is enough

cold breath

cold breath

coming out

of

the

most beautiful face

...

cold breath

let me freeze

each day

a bit colder

...

but

never allowed

to die

helpless

feeling so helpless
when losing my masks
feeling so helpless
when leaving the stage
feeling so helpless
when discovering myself

the one with the flute

again and again

the one with the flute

that kills my heart

...

this beloved tune

that cuts deeper and deeper

...

i like the black wings

that embrace me

...

that painfully caress my soul

...

till i die

tried to fly

tried to fly

tried to cross this foggy sky ...

lost my heart –

and you burnt down my wings ...

came down on earth again

on earth that i can't never leave ...

release the threat

i would be delivered
if she would release the thread

...

but she doesn't know
that she holds it
between her fingers

you don't have to ...

you don't have to jump my dear

you only have to wait

till ground is oncoming

...

when it is time

stay strong on it

when it is time

your falling rose will grow again

and your empty heart

- torn between hope and despair –

will feed the weeping bird in your hand

...

you only have to wait

till ground is oncoming

...

you don't have to jump my dear

not able

... not able to jump ...

is there anybody to help?

...

there is!

# Jenseits der Brücke

**cry of silence**

*Lack/Acryl-Technik mit Stacheldraht; 50 x 40 cm;*
*Juli 2015 (gemeinsam mit Delorges)*

cry of silence
till breath is over
allow to embrace
this eternal gap

...

Als ich starb

...

da glitt irgendwo
eine Träne
zärtlich über die Haut

...

Sie wurde mir Nahrung
für das Danach

## Erkenntnis

Zu Tode fressen

Ist ebenso sinnlos

Wie verhungern zu wollen

Wenn der Körper zu schwach ist

Und sich beim Sprung

Im Brückengeländer verheddert

Muss die stärkste Seele

Kapitulieren

Und die Erlösung vertagen

## Problembewältigung

Wenn du einmal im Kreis gegangen bist,

hast du endlich die Chance,

deinem Problem in den Arsch zu treten;

...

Doch betört mich dieser

auf schmerzhaft entzückende Weise,

dass ich ihn weiterhin viel lieber küssend liebkose

...

Das Nichts der Mitte

Verteidigt sich mit großer Vehemenz

Gegen alles Schöne

Das diese Mitte ausfüllen möchte

...

Manchmal
Wächst Hoffnung
Durch meine Dunkelheit
Dann frag ich
Warum

**(auf der fahrt nach wien)**

… ich lebe …

… und manchen ist das recht …

… ich wär jetzt soweit …

… doch manchen ist das nicht recht …

… ich lebe …

… doch einer ist es egal …

… ich wär jetzt soweit …

… und einer ist es egal …

… ich …

… egal …

## Manchmal

Manchmal ist der Sonntag so'n Tag ...

Da regnets leise

Und es bügelt sich verträumt im Wohnzimmer

dahin ...

Da gackerts zärtlich

Und die pc-Tastatur klickt sich harmonisch durch

die Minuten ...

Dazwischen meldet sich behutsam das Radio

klavieresk zu Wort ...

Beinahe eine romantisch-kleinbürgerliche Idylle ...

Und der Zuckerkringel behält sein Loch in der

Mitte.

Manchmal ist der Sonntag so'n Tag.

## flashback

*nach Hans Werner Henzes „Tristan-Prelude"*

...

and who is the one

able to understand

able to stand

...

a man has to die

a girl has to understand

...

## Elfriede Jelinek zum Geburtstag

Ihre Texte gelesen
Ihre Stücke gesehn

Über Seelen gestolpert
Herzen zerquetscht

Darüber sinniert
Und nächtelang geheult

Alles Gute zum Geburtstag!

**(beim Hören von „The Hunt" von AHAB)**

welcome back darkness

...

it hurts

...

but sounds so familiar

...

it hurts

...

but it's easy to like you

...

## Bist du ein Nachtmensch oder ein Tagmensch?

...

Ich weiß es nicht ...

ein Nachtmensch?

Schwarzgrün von ihr umarmt

Kann auf das Sehen verzichten

Alles kommt näher ...

Welt verkriecht sich nach draußen

Meine Dämonen legen sich zu mir

Umarmen zärtlich

Erdrücken erinnernd ...

ein Tagmensch?

Taggrau blendet das Denken

Zähmt das Innen ...

Weite umrauscht

Lenkt ab

Fühlen weicht Tun ...

Gut nicht

Aber leer funktioniert es ...

Irgendwie beides nicht

Dennoch beides

Denn

Ins Überleben gezwungen

**Der Abschied**


Ich werfe alle Worte weg

die einander entdeckenden

die falsch verstandenen

die verzweifelt umschreibenden

die erklärend Wahrheit stotternden


Ich werfe alle Worte weg

die vorsichtig versöhnenden

die zärtlich tröstenden

die Verzeihung suchenden

die mühsam hervorbuchstabierenden


Ich werfe alle Worte weg

die gegenseitig verletzenden

die einander bekennenden

die im Reden zerbrechenden

die nachdenklich geteilten

Ich werfe alle Worte weg
stummend umarm ich dich lasse dich
gehen
schweigend verspür ich dich tief in mich
hinein
entwortet schau ich dir nach
lass Silbe um Silbe entgleiten


Ich werfe alle Worte weg
weil alles gesagt ist
wir einander tief drinnen verstehen

*in einem Abfallkübel fand ich*
*„Websters Encyclopedic Unabridged Dictionary";*
*am selben Tag ist meine beste Freundin abgereist*

## Jahresbeginn

Ein jedes Tag-Werden
drängt das Dunkel tiefer in mich hinein ...
Die ich liebe freuen sich
doch fürchte ich überzuschwappen
und mein Du im Nichts zu ertränken ...

## Todesfuge

Tod,

wo ist Dein Stachel?

hockst unter meinem Baum,

ritzt mit stumpfem Messer

an dem Stein

der tief in mir

sich verzweifelt bemüht

sein Schlagen zu enden

...

Tod,

wo ist Dein Stachel?

Lässt Scherben tiefgrün

durchs Geäder sich graben,

bis Dir mein Blut auf die Stirn tropft,

im Takt der Melodie,

die traurig der Syrinx entweicht

...

Tod,

wo ist Dein Stachel?

Stich endlich zu!

...

doch Du pflegst Deine Impotenz,

selbstverliebt,

beinahe zärtlich,

und lässt mich

...

zum Leben verdammt

## Hingabe

Wenn Du versuchst
Mich in Dein Korsett zu zwingen
Werde ich Dir nachgeben
Weil ich Dich mag
...
Irgendwann
Werde ich beginnen
Mich zu bewegen
Zu wehren
Einen Ausbruch zu wagen
...
Am Ende
Werde ich resignieren
Mich fügen
Und mein End-lich erwarten
...
Heute
Entdecke ich mich
An der Schwelle
Zur dritten Strophe
Beinahe ...

## Fragment

Du bist schön, meine Geliebte

Du bist schön, meine Tödin


Spür Deinen zärtlichen Atem

Doch umfängst nicht ...

Lässt fallen ...

Ins Leben ...

## Abschied

*zum selbstgewählten Tod eines Bekannten*

Dein Tod

Hat mich mitgenommen

...

Nein

Er trat leise an Deine Seite

Legte behutsam seinen Arm um Dich

...

So gingt Ihr an mir vorüber

Bemerktet mich nicht

...

Dein Tod

Hat mich nicht mitgenommen

Denn er war der Deine

...

Ich steh immer noch am Rand

Und versuch nicht zu fühlen

...

Sehe Euch nach

Zurückgelassen

Allein

Finsternis
lässt mich Dein Du erahnen
darin spür ich Dich

Ich wehr mich gegen das Helle
Das mir die Lider aufreißt
Das mir den Blick auf Dich raubt

„O sink hernieder Nacht …"

## Entkörperung

Die Wohnung ist mir unförmig geworden
zu zugig und plump
...
War letztlich niemals so
als dass ich Dich freudig hereinbitten konnte
Entstand doch immer ein peinliches Verdecken
ruinösen Alterns daraus

Ein wenig noch muss ich ausharren darin
ein wenig zu lang
...
Wann werd ich umsiedeln dürfen
Wirst Du mir Unterkunft geben?
In Deinem Gedenken zumindest
weil Spüren verunmöglicht ist

**Nach dem Konzert**

*der Étölv-Trilogie erster Teil*

Étölv, Étölv

Du hast mich heute

Mit Deiner unbekümmerten Heiterkeit

Angelacht

…

Beinahe

Hätte meine Mauer tief im Erinnern

Einen Riss bekommen

Einen Riss

## „Sie hat mir eine weiße Rose geschenkt"

*Fragment nach A. Zemlinskys Oper „Der Zwerg"*

Das

grausamste

ist

an

sich

selbst

zugrunde

zu

gehen

und

dennoch

nicht

sterben

zu

können

…

Jahre nach meinem Tod

längst verweht

ist der Geruch

einer verwesenden Hoffnung


Da gräbt sich

behutsam erwachend

eine Sehnsucht

durchs betonerne Herz

...

und niemand bemerkts

## Begegnung

vertraut

auf alten Möbeln

so als ob einzig ein Anruf

nur kurz unterbrach

ansteckend

lebensfreudige Weisheit

streift attraktiv gewordene Narben

und ordnet sie neu

rötlichbraun

schimmert das Nachmittagslicht

und lädt ein

behutsam einen Schritt vor meine Höhle zu tun

**ankommen?**

Nirgendwo
eine Tür

...

öffnet sich plötzlich
auf eine Treppe hin

...

schraubt sich nach unten
zieht einen Schritt dem anderen nach

...

Eine Stimme!
„Die Treppe ist nicht existent!"

...

Stufe für Stufe überhör ich
gleitet hinter mir es empor
bis alles
unendlich grün

...

angekommen?
eine Tür
Nirgendwo

## Junitraum in As-Dur

schlaflos

...

Dunkel

unendlich dunkel ... plötzlich intensiv spüren es

schmerzt

...

Hand in Hand unterwegs

unsicher einander ertastend ... dennoch vertraut

...

Schritt um Schritt

ankommen auf der Brücke ... keine Angst mehr

...

Jenseits der Brücke umarmt Dunkel alles

hinter dem Halten ... bodenlos frei

...

fliegen ... gemeinsam fliegen

fliegen ... einander glücklich umarmend

fliegen ... nicht mehr aufhören wenn Dunkel

zerfällt

...

einander erspüren ... es tut nicht mehr weh

einander hell ... einander schmerzfrei ... einander frei

...

doch wieder erwachen


wieder ein Tag ... unendlich dunkel

unendlich allein

...

## Rücktritt

...

dann seh ich den Autos nach,
seh die Gesichter derer da drinnen
und trete zurück ...

Ich will Euch nicht treffen,
nicht, die auf Euch warten,
auch nicht, die mir nahe ...

dann geh ich nach Hause,
entleere mein Herz
und sehne den Autos nach

...

## Kurz vor dem Gewitter

noch bevor das Nachtgewitter
schüchtern um Erlaubnis bittet
begegnen wir einander
einen ewigen Augenblick lang
bis er in uns zerreißt

## Treue?

Tiefnachts

festgekrallt

Am Geländer meiner Angst

Dem Ersehnen Deiner Blicke nicht entkommen

Eines Nachts

mutig genug

Das Halten aufgeben

Hinabtauchen in die Welt Deiner tiefbraunen

Augen

Ein Sprung nur

Noch nicht

Bald

# Der Immigrant

*eine Ballade*

Irgendwann

Weit hinter dem Verzweifeln

Auf den Weg gemacht

In Schluchten erdrückender Glaubensgebäude

verirrt

Auf monogamen Weiten vereinsamt

Am Straßenstrich der Normen letzte Werte

verloren

Irgendwann

Sich nach innen geschleppt

Dorthin

Wo keinem erklärt werden muss

Auch wenn niemand versteht

Dorthin

Wo Sehnsucht allein bleibt

Doch gerade überlebensfähig noch ist

Niemandem Rede stehen zu müssen

Weil alles darnieder liegt

Niemandem erklären zu müssen

Weil letztlich keine versteht

Tief innen überdauern

Solange die Fassade noch hält

**am Leben ermüdet – und doch weiter träumend**

träumend

das Geländer überwinden

ängstliches Festleben erlöst

träumend

wieder und wieder fallen dürfen

von Dunkelheit zärtlich umhüllt

träumend

Deine Haut behutsam erspüren

vom Du endlich erkannt

träumend

wieder und wieder ...

wieder ein Sprung der misslingt

**Was bleibt,**

**wenn Worte zerfließen und der Rhythmus des**

**Herzens verstummt ...**

*94 Worte in 5 Gedichtfetzen gesammelt*


## I

... male ... schreibe ... verdichte ...

lasse sterben, um überleben zu können

... wache ... trinke ... weine ...

unbemerkt wächst, was viel zu tief wurzelt


## II

Ich erheb mich

und folge

wohin mein Herz das Hirn heute Nacht treibt

Dorthin

wo ich verliere

was niemals das Meine genannt


## III

... mein Traum wird Dich finden, träum ich ...

## IV

## (beloved demoness)

Tief in der Nacht

erwachst Du, geliebte Dämonin

umarmst

und weckst zärtlich die schutzlose Sehnsucht

...

Raubst liebkosend Atem und Schlaf

kriechst tiefer und tiefer in mich

schläfst ein

und überlässt mir Erschöpftem den Tag

...


## V

Die letzten Zeilen

sollen alles beenden

...

beschließen

was nie einen Anfang geseh'n

...

My yearning will never end

Although

Between you and me

There was never and

## Epilogus

Mit fünf Gedichtfetzen und einem offenen „and" findet der Abschnitt „Jenseits der Brücke" ein Ende.

Endgültig?

Vorläufig?

Ich weiß es nicht, bin jedoch sicher, dass es Zeit ist, die Brücke hinter mir zu lassen.

Jenseits der Brücke breitet sich eine Weite aus, die mir in ihrer Fremdheit manchmal so vertraut erscheint, als hätte ich schon ewige Zeiten dort gelebt. Das freut und ängstigt mich gleichermaßen.

Wenige Menschen haben verstanden, auf welche Weise ich zu dieser Brücke gelangt bin, was ich dort wollte und wohin ich auf ihr zu gelangen versuchte. Diesen wenigen Einzigartigen ist es zu verdanken, dass ich die Brücke, von der ich nicht weiß, wie sie entstand, wie ich dorthin kam und was ich dort wollte, wieder und wieder überlebenderweise verließ …

Ob ich jemals zur Brücke zurückkehren werde? Ich weiß es nicht.

Ich weiß nicht, wann und auf welche Weise sie sich meiner wieder bemächtigen wird. Eines Tages … wahrscheinlicher eines Nachts … werde ich wieder vor ihr stehen.

Dann wird alles so vertraut sein und ich werde entscheiden, ob ich diese Brücke betreten werde und auf welche Weise ich sie wieder verlasse … endgültig verlasse …

Heute lasse ich die Brücke hinter mir …

Mehr weiß ich nicht …

# Atelier der Worte

hoffnungsvoll blutend

wenn schmerzhaft das Nichts

sich zärtlich ums Innerste windet,

rettet nur Ausharren

bis der letzte Tropfen dessen herausgepresst,

das andere Liebe nennen ...

## Achter März Mann Überlegt

zart bist Du und schlank

find Dich erotisch

finde Dich schön

...

je weniger Raum

Du in meinem Leben verdrängst

desto attraktiver wirst Du für mich

...

## Schlafes Schwester

„Versuch nächste Nacht,

mich zärtlicher zu verführen ..."

Schlafes Schwester

weist mich wieder zurück

und verschwindet lächelnd im Nichts

Erschöpft

bleib ich zurück

denn das Erwachen

braucht unendlich Kraft

different lines

of different lives

are crossing

...

not very often

but sometimes

...

try to create

something together

...

and fail

...

## Samstag Vormittag

Alles ruhig so friedlich in mir

Barockes Geflöte

Mischt sich harmonisch unter Vögel vorm Fenster

Umspielt beinahe erholsam

Angstvoll

Schiele ich nach meiner Seele

Die tief drinnen Uraltes neuerlich plant

## Return to Sender

Leben

das zufiel

...

zu viel

## Sockende Sehnsucht

Meine Socken sind streng monogam
... und leiden darunter!

...

nur einmal mit einer Andersfärbigen ...
nur einmal mit einer Jüngeren ...
nur einmal mit einer Löchrigen ...
nur einmal mit einer,
die schon einmal mit einer anderen ...

...

sockende Sehnsucht,
die sich niemals erfüllt ...

## Das Ende

Am Ende der Ausstellung schmerzen die Augen,
brennen sich Bilder auf die Netzhaut, bohren tief
ins Erinnern.
Dort wird längst Verdorrtes tiefgrün und rankt
sich um blutendes Fleisch.
Ein jeder Eindruck tut weh!

Am Ende such ich klare Gedanken,
Welches Bild ist das letzte, das sich festkrallt am
Sehnerv,
hineinkriecht und die Haut der Seele zerreißt?
Welches Gesicht presst mir den letzten Tropfen
Überleben endlich aus rissigem Ich?

Am Ende muss ich es wissen,
brauch Deine Antwort!
schon bald ...

Setze Deine Schritte mit Bedacht

Wenn Du auf meinen Knochen tanzt

Stolpre nicht

Wir werden fallen

**(als so spät noch eine Rose aufblühte)**

Das vorsichtige Knospen

vor dem schon fühlbaren Winter

bestaunen noch viele

bewundern auch manche

belächeln milde die meisten

Zum Scheitern geboren

öffnet sich hoffnungsvoll eine Knospe

und blüht dem langsamen Erfrieren entgegen

Es weinen winzige Scherben aus deinen Augen
graben funkelnd durch dein Gesicht
Verstehensfern erfreuen sich manche
und wenn sie endlich versiegt
dann wagst du den Schritt ins tröstende Nichts
Jemand wird sagen "Ich hab es geahnt" ...

## Panther

Vor meinen Gittern

Regnets Menschen

Verständnislos

Ahnend

Durch die Stäbe

Hilflos tröstend Worte

Und der Schlüssel ist so fern

...

Wäre die Erde eine Kugel,

wir könnten einander nie begegnen

Wäre die Erde eine Kugel,

wir könnten einander nie aus dem Weg gehen

**atem not**

Ein Würgen steigt vom Thron
Legt sich in mein Bett
Legt sich um den Hals

Schmiegt sich fester
Schmiegt sich zart
Lässt dennoch davon ab

Als der Blutmond sein Weinen aufgab,
war sein Herz endlich leer

Fand eine Ruhe
hinter bergendem Schleier
totes Geholz

Und es begann eine Hoffnung,
die erzählte vom Ende und dem Danach

## Gespräch in der Kälte

„Erinnerst du dich?"
klang liebreizend die Stimme ins Herz.
„Ja," gab er zurück, „denn ich lebe davon!"
„Tut es nicht weh?"
„Solange das Eis trägt, sind die Spuren doch
fern."

Behutsam ließ er die Erinnerungen hinausgleiten
auf den zugefrorenen Teich,
erfreute sich ihrer im sinkenden Licht,
als tief darunter das Eis
einen leisen Riss freigab
...

## Traumflug

Sanft streichen klavierene Hämmer
Über die Haut deines Herzens
Lautlos gleitest du
Im dunklen Schneefall hinab

Es ist so unendlich still in deinem Lieben
Endlich so still
Und langsam versickerst du
In den Ritzen des Asphalts

Betroffenes Schweigen zwingt sich Umstehenden
auf

## Konzertwehen

*der Étölv-Trilogie zweiter Teil*

Étölv, Du!
Beinahe jubelt ein Schauen
leuchtet auf und sucht zu Erkennen
Augen tränen
tun plötzlich weh
Étölv, Du?

Stück um Stück bröckelt Wiederentdecktes
aus der Netzhaut des Erinnerns heraus
Kratzt die Narben der Seele entlang
Ein Rinnsal wärmt hellrot von innen
Étölv, nicht Du?

Zerstör doch erinnert Wirkliches nicht
nur um Realem zum Sein zu verhelfen
...

Im Atelier der Worte

nachdenkend

sinnend Orientierung suchen

vielleicht

## ErSchöpfungsGedicht

versagen

die stimme

unhörbar

kein reden kein hören

sinnenlos sinnlos


entsagen

dem rest der gerade noch bleibt

und endlich wird ruhe

## Gedicht an die Weisheit

Da!

Du, Stich.

Dusch Dich!

Tatoostich

Duscht ich?

Stich du.

Tischtuch!

## Konvention der Kältelehre

täglich ein grad kälter
brennt es tief in dich hinein
seit jahren schon
bleibt eisbein dein begleiter
und da manche dazu lachen
wärmts dich noch
so soll es sein

## romantischer Sonntagnachmittag einer

### Rasierklinge

Ich schab dir

den Schmutz der Jahre

vom Fenster

belangloser Indiepop

kommentiert über deiner Schulter das Tun

Schicht für Schicht

kommen wir einander heut näher

doch bleibt uns einzig

das Taglicht

denn viel zu schüchtern

sind wir uns beide

fürs wärmende rot

## Bicyclettes Gedankenballett

fahrradheftig hetzend
rechtzeitig zum Konzert
verschwitzt Ausdünstungen unterdrücken

Romeo und Julia
bekunden heftig tanzend einander die Liebe
fallen sterbend übereinander her

Ich frag mich
ob TänzerInnen
Schweißdrüsen verboten sind

## Am Ende einer Ausstellung

Was bleibt?
Eine Ausstellung radelt nach Hause
An Plakatfetzen trockne ich mein Gesicht
Haken atmen befreit vom Gewicht
Denn Bilder kehren heim
An die cardiale Rückwand und dauern ...

## H-Dur

Du musst dir
Das Sonnenlicht
Einmassieren
Tag für Tag
Stunde für Stunde
Keinesfalls stoppen
Tief in deine bleiche Haut
Vorbei
An alten Verbrennungen
Und blutenden Narben
Reib dir das grelle Gelb
Mit Pinseln
Mit Händen
Bis die Netzhaut der Seele
Zerschlissen
Und dein Dunkel
Darüber sich legt

Wenn das

Auto

dem Du entgegen

fährst

plötzlich

abbiegt

ist es Zeit

nach Haus

zu fahren

und Deinen

Rausch

auszuschlafen

## Tristandilemma

Sein
wo es nicht möglich
Sehnen
wohin man nicht darf

bleibt einzig
Hoffen
bis beides in Eins fällt
danach

## Dream

I've dreamed of a rain
during the night
I felt it was over
my eternal fight
You were able to lay down
a rose on my grave
and now both of us
I guess we are save

## Amphorische Begegnung

Nächtlings heimradeln
rausch- und regenumarmt
auf plastifizierte Gebinde stoßen
die wasservoll sich an Umzäunungen schmiegen

abbremsen erinnern
irgendjemand erzählt eine Mär
von Hunden die sich nicht erleichtern können
wenn flaschoid Wasser an Zäunen sich lagert

Mitleid entweicht aus gehopften Synapsen
und es plant sich spontan eine Revolution
Zaun um Zaun kriecht nächtens ein Vorhaben
                                    weiter
leert alle Flaschen bis mir die Blase beinah
                                    detoniert

Mit vertriebenen Hinterbeinhebern verbrüdert
ergießt sich urinal nun gemeinsam gelbes Geätz
brennt sich in heckengewachsenen Stauden
die von Biedermännern mühsam gehegt

Nierengefilterte Nässe bahnt sich an Thujen heran
transportiert unmerklich mikroskopisches Plastik
durch die eindorrenden Adern der Waldung
und skylotische Freuden teilend heul ich in die

Nacht!

## Guten Morgen Kälte

von hinten meine Augen verdeckt
ganz plötzlich
Du da
vertraut
endlich wieder?

umarme mich
ich frier Dir entgegen

## Minttu

trunken Pedale treten
taumelnd
sich selbst anvisieren
Synapsen entkernend
erwachen
und ganz leise fragen
Wie komm ich hierher?

## Zu Prokofjews zweitem Klavierkonzert

...

und manchmal ertapp ich mich dabei,
dass ich mich sehr bedaure:
Hundert Jahr bin ich zu spät geboren!

Den Aufruhr,
durch damals wie heut moderne Kunst
heraufbeschworen,
hätt ich sicherlich genossen.

Doch wäre mein sensibles Ich
- ihrer Sprache gar nicht mächtig -
der span'schen Grippe anheim gefallen;

Unmöglich wär's mir dann heut,
in tödlich schöner Sehnsucht
zu ertrinken ...

## Novembertraum über ein junges Mädchen

Hüllst Dich in dicke Stoffe
und wärmst,
was sommers anziehend frei

Ich erfreu mich
Deiner nackten Fesseln,
blau-rot erfroren leuchten sie

Sie schenken so
dem alten Manne
noch einmal einen Traum

## Erkenntnis

Nur wenn das Auto vorher abbiegt,
Ist es sinnvoll,
Nach Hause zu gehen,
Außerdem schlafen zu müssen ...

Dem Erwachen müssen
entwächst eine Sehnsucht
Ist ein Weinen
so endlos
bis alles in Tränen ertrinkt

Doch
begegnen Menschen und Tun
entreißen die Sehnsucht
lassen vereinsamt zurück
Tief im Inneren schade

## zur WeihNacht

Es träumt eine Seele vom Fallen
    sie träumt
    und um sie herum
    wünschen sich Menschen ein frohes Fest

Es träumt eine Seele vom Fallen
    sie träumt
    und um sie herum
    macht Fröhlichkeit eigenes Atmen so schwer

Es träumt eine Seele vom Fallen
    sie träumt
    und um sie herum
    gleißt alles so schmerzhaft und laut

Es träumt eine Seele vom Fallen
    sie träumt
    vom Fallen ins nie erreichbare Du

    und wieder fehlt ihr der Mut

Am Ende
führen Stufen in die Freiheit hinab.
Doch solange Niemand bereit ist,
die eisige Decke zu brechen,
bleibt einzig ein frierendes Sehnen zurück.

**Tragedy of Humanity**

When you close your eyes
you will see that beauty
hidden for you

When you close your ears
you can hear that voice
not intended for you

When you close your heart
you can feel that yearning
not allowed for you

When you close your life
you will be able
to see
to hear
to feel
and noone will judge

Niemand

reagiert

auf Dein Warten am roten Licht

Einzig Du

der Du weißt

dass das grün sagt

Ich lieb Dich!

versuchst

Haltung zu wahren

...

es gelingt Dir nicht

Aerophone Melodie

hakt ihre Noten

eine Terz nur zu hoch in die Haut

Kriecht unaufhaltsam darunter

spannt subkutan

beinah überlebtes Erinnern

Klingen und Scherben versagen daran

Tief drinnen

krallt sich ein grün

in schwach pulsierende Fasern

und beständig

tropft das Lied eines verlorenen Du

**Vegan Virus**

*Skulptur in Mischtechnik mit Globus,*
*Langspielplatte, Bio-Brokkoli und Acryl;*
*Höhe ca. 45 cm; März 2020.*

vegan virus

entnebelt vergangenes neu

see your pretty face in my old eyes

weißbier und wodka

verdünnen die farbe doch nicht

es tönt dieser planet weiterhin green

und die fetzen stillen die blutung noch nicht

...

An manchen Tagen
wird mir die Haut so dünn
dass Du mein ausgeblutetes Ich sehen kannst

Doch verstehst Du es nicht
und denkst nur
Exhibitionist

**Deine Tränen**

Wenn Tränen Dir nach innen weinen,
so ist es gut.
Die Fassade bleibt Dir trocken
und kann sich bewundern lassen
von all den Menschen, die es nicht verstehn.

Wenn Tränen Dir nach innen weinen,
so ist es gut.
Es ertrinkt Dein schmerzend Sehnen,
langsam zwar, doch stetig,
in der Quelle, die es immer wieder speist.

Wenn Tränen Dir nach innen weinen,
so scheint es gut.
Denn Deine Sehnsucht hat gelernt zu schwimmen
und wird von innen her Dir
Stein um Stein aus Deiner Mauer lösen.

## Sonntag

Ich liege im Bett
darüber haltloses weiß
Augen ankern darin

In Birken verborgen
vor einem Fenster
flöten Vögel nach mir

## „... sink hernieder, Nacht ..."

Schauen
verliert sich im Weiß der Wand

Im Schließen der Augen
umarmen verlorene Farben
beinah vergessene Züge eines Gesichtes
erträumen sich neu

Irgendwann ein Dunkel
das
Wohltun endlich vertreibt
löst schlafend ins Schwarz

falle
tiefer
und
tiefer

den Aufprall spür ich von fern

## Wiesenspaziergang

Doch manchmal
hinter dem Weinen
wächst etwas
und es ist gut

Nicht zwingt es zu teilen
verlorene Sehnsucht
schweigt in den Wunden
und ruht

## Wieder ertrinkt mir ein Traum

wärmendes rot
umströmt erkaltendes nass
sinkt tiefer
sinkt tiefer

einsame stille
weicht aufatmender ruh
gibt frei
gibt frei

...
solange
„wer wischt's weg"

sehnsucht überlebt
bleibt deine sorge zu groß

**ein verregneter Morgen**

Trauerst
um Taubheit
die deinen Gliedern entweicht

Erneut
nötigt sich
Leben dir an

Doch heute
verbünden sich Wolken
dem Weinen in dir

Komm

schließ mit mir jetzt die Augen

Das Dunkel hinter den Lidern

umarmt uns

und wärmt

Tief hinten im Innern

verklingt

das uns fremde Lied

Strophe um Strophe

entgleitet

Fühlen und Denken

Da bleibt nur

Du

Ich

und endlich Nichts

## Rosenbäumchen

Das Liegen ist mir schon zu eigen,

lang erprobt;

das Schauen mit geschlossnen Lidern,

genieß ich auf dem Rücken, auf der Seite;

Salzgerinnsel ist versiegt.

Jetzt gilt es mir zu üben,

wie es ist,

darob die Erde zu ertragen,

darin das Grübeln zu begraben,

dann wär das Dasein fast perfekt.

Dich bitt ich derweil,

zu sekundieren,

entzünd mir eine Kerze auf der Stirn.

Pflanz einen Rosenbaum in meinem Nabel

und schau ihm zu, wenn er sich tiefer gräbt.

## Befreiung im Regen

Glaube Liebe Hoffnung
graben ein Rinnsal durch rissige Haut
klammern sich heuchlerisch an Narben noch fest

Glaube Liebe Hoffnung
versickern ganz langsam in jovialer Pastoralie
Entblößt keimt auf was trügerisch bisher erstickt

Atme auf und fürchte nicht mehr
Glaube Liebe Hoffnung sind tot!
Erlösende Tränen befruchten endlich dein Sein

## Hörstiche

vergessen -

Hat gestern schon alles erzählt

Beginnt heute erneut

wieder einmal zu oft

sucht im Nebel

treffende Worte

ein Denken ist schwierig

...

„Es interessiert mich ja eh nicht, doch du redest

halt gern"

erinnern -

„Seid still, jetzt erzählt er wieder vom Krieg"

...

Verstummt lächelnd

nimmt einen kräftigen Schluck

Es tut verdammt weh!

Nahm sich doch vor

nicht mehr zu fühlen

nach der unendlichen Qual

verspüren -

Nickt ein hinterm Glas

träumt von damals

weit vor jenem Schmerz

Einer wankt grölend vorbei

Nun schmeckt das Bier salzig

dann wird es still

...

„Der Boden ist schön"

**Lamentate Étölv Lamentate**

*der Étölv-Trilogie dritter Teil*

Von Fern Dein Klang
dringt unbeschreiblich zart
doch nicht mehr ein

Seh ihn vorüber ziehn
die Mauer streifen
sie hält dem Flöten stand

Dahinter tot
ein Fühlen brauchts nicht mehr
es scheint genug

**Another day**

Being so happy today!
No,
don't do it.
The person
you want to share with
isn't even
not interested in it.

## Herbstlaub

fallen

der Höhlenwand entlang

leere Gesichter

starren vorbei

eines besonders

fallen

der Höhlenwand entlang

lautlose Töne

verklingen

einer besonders

fallen

der Höhlenwand entlang

namenloser Abspann

hinterlässt Lücken

eine besonders

fallen

der Aufprall

er fehlt

## Wachkoma

liegen
starren
darüber weiß
rückt näher
näher

bewegungslos
schleppt sich Erinnern
nach hinten
dorthin
wo es glücklich
geglaubt

**vor dem Fenster**

verschlossen
Sonnenschein draußen
Ein Leben
wessen?

Deins

überwindest Dich
und öffnest
Ein Hauch!

wäre mir nahe
kurz nur
doch nah ...

**Advent**

entweder ist Er
dann ist Er da
und keiner braucht zu warten

oder Er ist nicht da
dann ist Er nicht
und keiner braucht zu warten

## Nacht

Heute Nacht
hab ich ein Lachen gehört
so fröhlich
so einnehmend heiter
es tat unendlich weh

Heute Nacht
hab ich ein Lachen gehört
wob sich
dunkler und dunkler
in meine Höhle hinab

Heute Nacht
hab ich ein Lachen gehört
mitten im drinnen
erstarrte das Fühlen
ein Atmen erlosch

Heute Nacht
hab ich Dein Lachen gehört
unendlichletztmal
denn vielleicht
nächste Nacht ...

**eifersüchtige Dämonin**

schüchtern beinah
unscheinbar
hebt ein zarter Traum die Brust

am Fuß des Bettes Du

wachst eisig sorgsam
dass mein Bluten
einzig Dir gegönnt

**„Du holde Kunst"**

scheint
Ludwigs Mond
behutsam durch Vladimir

streck
mich
wohlig
unter meiner Decke

Sinnenschwindel
lässt
mich
Deine Umarmung glauben

**beyond the isle of the Dead**

Das Enden
hat sein Ziel noch nicht erreicht
treibt langsam
über tiefdunkle See

Glühende Pfeile
brennen Hoffnung ins auglose Schwarz
Wann endlich
willst Du mich treffen?

*nach einem Bild von Arnold Böcklin und einer*
*Weitermalung des Autors (Umschlagbild)*

## Manchmaldenkeichdinge

Ich döse des Nachmittags
im Hängesessel unterm Rosengesträuch.
Auf dem Bauch ruht ein
kürzlich erstandenes Buch von Torsten Sträter,
als unter meinem Allerwertesten
eine Hummel lautstark mein Dösen zerbrummt.
Ich denke nach:
Wenn über der Hummel
tatsächlich mein Aller-Wertester schwebt,
Wo treibt sich dann mein Wertester herum?
Wie sieht er denn überhaupt aus,
und vertragen sich die beiden eigentlich gut?
Die Hummel entbrummt sich davon.
Ich sinniere Richtung abrutschendem Buch.
Es färbt inhaltlich ab,
und auf meinem T-Shirt lese ich:
„hcolhcsaO ud ‚id hcielhcS"

## Mein Cello - eine Elegie

Seufzen der Saiten
bohrt in den Traum
frierend
und durchdringendes Staccato erzwingt ein
Erwachen
mein Cello!

Kirschroter Körper
seiner edlen Wölbung beraubt
zersprengt
in unzähligen Splittern wie Tränen auf den Boden
gepresst
mein Cello!

Geborstener Bogen
steckt tief noch im Leib
ahnend
zärtliches Streichen an Saiten und Taille entlang
auch dem Hals
mein Cello.

Berühren der Brüche

stockt und lässt eisig erschaudern

quert

doch tief im Unten flötend Gelächter beinahe wie

Spott

mein Cello?


dem Erwachen

entwächst plötzlich Erkenntnis

Ein Cello hatte ich nie ...

## schlaflos

Da ist kein Traum
in dieser Nacht

stählern
umarmt
der Brücke Geländer

gibt noch immer nicht frei

Umarmung Du Ferne
erdrückst
unnahbar

kein Traum
in der Nacht

**Regennacht**

liege
lausche dem Regen
stundenlang

liege
lausche dem Regen
Tag für Nacht

liege
lausche dem Regen
Jahr um Jahr

fließt unaufhaltsam
umgreift die Hand
des Erinnerns
des Liebens
des Seins

was bleibt?

liege
lausche dem Regen
Moment für Moment

endlich wird Ruhe
noch nicht heute
bald

## Wunschgewölk

Zweiter
Sonntag
im Mai ...

Dein
Tod
meine
Erlösung

Zweiter
Junisonntag
Du auch ...

## 2021

einmal noch
Tod
umarme mich

damit
Lebensruinen
das Erdloch füllen

Raum erwächst
ein Gerüst
dem Traumdanach

## Ich Wotan

wortverloren

ins farblos gemalt

kraftlos

den Ideen entlebt

klangverwaist

nur eines will ich noch:

das Ende

...

MenschenLebensMüde

Rau

legt sich

Urlaubsreif

auf müde Blätter

lässt sie welken

und dem

Frühlingsknospen

entgegenfrieren

**Logik in cis**

Die Hälfte
der Menschheit
sind Frauen

Derethalben
ists
selbstverständlich
und auch gerecht

Dass
sie
die Hälfte
all desjenigen
bekommen

Das Ihnen
zusteht

## surreales Träumen über meine Dämonin

hilflos

am Rücken

auf einer

moosgrünen

Serviette platziert

ausgeliefert

Dir

Appetit

zügelnd

beugst Dich

lächelnd darüber

tastest

behutsam

nach

Silberbesteck

der Hauch

abgetupfter

Lippen

spürt

aus

papierenem Grün

tief

ins Mark


noch eh

Du

sorgsam

tranchierst


nur

eine Faser

des Innern

verkostest


und

hineinstirbst

ins Herz


wärmendes

Rot

tränkt

lautlos

ins

moosige Grün

**eine Stadt**

eine Stadt
ein Erinnern
ein Lokal
eine Wiese
dazwischen
unendlich
Musik
ein Bekennen
das schmerzt
und erstarrt

eine Stadt
ein Verdrängen
kein Lokal
nur Beton
dazwischen
unendlich
Musik
ein Bekennen
das trauert
und welkt

eine Stadt

andres Erinnern

ein andres Lokal

andere Wiese

dazwischen

unendlich

Musik

ein Bekennen

dem behutsam

ein Neues

entwuchs

und

die Wege

dazwischen

sind nicht mehr

so lang

## Wenn Herkunft endlich stirbt

Wenn Herkunft endlich stirbt
fällt Rost von alten Feilen
verlieren so viele Dinge den Sinn

Wenn Herkunft endlich stirbt
kriecht Spinnengeweb aus vergilbten Büchern
greifen Worte müde nach weiterem Raum

Wenn Herkunft endlich stirbt
bröckelt Putz von träge gewordenen Mauern
lösen morbe Ziegel erzwungenen Halt

Wenn Herkunft endlich stirbt
endet die Enge des Denkens
gewinnen Träume an Farbe und Klang

Wenn Herkunft endlich stirbt
graben Wurzeln tiefer
ankern Freiheit
im Humus
Ruh

## Das Museum riecht heute anders

Mitten hinein

    in jahrzehntelang

    bewahrten Geruch

    elitärer Anzüge

    mottenpulverumwehter Roben

    nur sonntags gelüftet ...

duftets aufregend jung

Mitten hinein

    in friedhofsnahe Ruhe

    hornbebrilltes „psst"

    dem einschläfernden Ticken

    eines Luftmessgeräts

    Woche um Woche verstummend ...

tönts erfrischend jung

Mitten hinein

    in vielfach gefaltete Mienen

    einsam auf krummen Körpern

    von Exponat zu Bild schleppend

    sich selbst allwissend zunicken

    jedes Jahr erneut bestätigt ...

strahlts körperlich jung

Ich genieße

die vielen

unerzwungenen

Hände haltenden

einander umarmenden

miteinander in Bildern versinkenden

Menschen

atme tief ein

das so junge Odeur

**How dare you?**

Habe nun ach!
die Modeschul
von außen und von innen
des mehreren durchquert

hab,
denen es gegeben
Stoff für Stoff als Stoff
den Wissen Heischenden
als Nahrung zu bereiten
an ihren Lippen hängend
aufmerksam gelauscht

How dare you?

dennoch benenn ich
naiv
vielleicht auch frech
hautanschmiegend Frottee
einfältig
Handtuchstoff

How dare I?

gebeugten Hauptes
und beschämt
frottier ich nun
mein nasses Haar
meid von nun an
und das schwör ich Dir
den Handtuchstoff dafür

## Margrets Frühlingskuss

scharrt

gewiesentlich

durch schüchtern Grün im März

stößt

schnabelspitz kro küssend

ins leuchtend Violett

trennt

zwei Gelbe Fäden

zufrieden gurgelnd aus dem welken Kelch

...

traurig

glöckelt ein weißes Haupt

die letzte Schneeflocke aus dem Gesicht

blickt ungeküsst

jedoch lebendig

der entwalzenden Henne nach

**mansplaining vergebens**
*Liebeserklärung im Museum (an E)*

stehen
Raum für Raum
von einem Bild zu dem nächsten

staunen
tief eindringen lassen
unmerklich beginnt es zu wirken

weben
verbinden mit all dem was im Inneren lebt
sofort demselben zu entwachsen begehrt

erklären
Dir die Welt
damit auch Du sie verstehst

knüpfen
ein Netz ungemein reichen Wissens
mit Deinem unendlichen Durst

hören
mir zu mit bescheidenem Stolze gewürzt
intellektueller Erguss

teilhaben
an herausquellendem Neuen
bewundernd meine Ansichten sehn

...

Doch Du bist nicht da
lässt mich allein
gräbst lieber in Erden
durchwurzelst Dich selber
und genießt eine Freiheit
die Du mir in gleichem Maß gönnst

Dafür ich Dich lieb!

## Anstatt eines Nachwortes

*Duanna Mund antwortet*
*auf ein Bild von Klaus Augustin*

**Ein jeder Engel ist schrecklich**
(zu R.M. Rilkes 1. Duineser Elegie)

*Mischtechnik mit Stacheldraht und*
*Spiegelsplittern auf Leinen; 65 x 210 cm;*
*August 2013.*

182

## Fürchterlich

Alle fürchten den Engel,
schlagen die Augen nieder,
wollen bestenfalls seine Rückseite sehen.

Dabei wartet er nur,
atmet nicht,
brennt bloß nach innen.

Zeigt, wenn überhaupt, den Flügel,
unfähig, die Augen zu schließen,
und fürchtet Alles,

was von hinten anschleicht.

Macht auf brav,
reißt sich zusammen
und flüstert

FÜRCHTE
DICH
NICHT

ins eigene Ohr.

Drinnen lauscht es,
dass hinten wer frage,
wie es ihm geht.

*Duanna Mund*

## Der Autor

**Klaus Augustin**

geboren 1966, verheiratet,
2 erwachsene Kinder,
unterrichtet evangelische Religion
an höheren Schulen in Graz.

Seit 2005 arbeitet er als autodidakter bildender
Künstler im eigenen Atelier, experimentiert mit
verschiedenen Materialien, um innere Abgründe
zu visualisieren und der vielfachen Sprachlosigkeit
zu entreißen. Als Nahrungsmittel dafür dient
oftmals Musik - aufgespannt zwischen Barock,
Richard Wagner und dunklen Genres des Metal.
Wenn Farben nicht mehr greifen, verdichtet er
wortend, was sonst nicht mehr lebbar ist.

**https://augustinaka.jimdofree.com**